글 김향금

서울대학교에서 지리학과 국문학을 공부한 뒤, 같은 학교 대학원에서 고전 문학을 전공했습니다.
우리나라의 역사, 지리, 인물 논픽션 책을 쓰거나 만들어 왔습니다. 앞으로 세계 문화를
소개하는 책을 쓸 계획이 있습니다.
만든 책으로《한국생활사박물관》,《한국사탐험대》,《우리 알고 세계 보고》가 있고,
쓴 책으로《경성에서 보낸 하루》,《조선에서 보낸 하루》,《예술가가 사랑한 아름다운 유럽 도시》,
《세상을 담은 그림 지도》가 있습니다.

그림 오승민

2004년 그림책《꼭꼭 숨어라》로 데뷔해서 현재까지 어린이 책에 그림을 그리고 있습니다.
그린 책으로《우주 호텔》,《멋져 부러, 세발자전거!》,《하늘로 날아간 꼬마열차》,
《귀신 은강이 재판을 청하오》 등이 있고, 최근 작품으로는《나의 독산동》,《일루와 아이스크림》,
《친구할까? 그래!》,《축구왕 이채연》이 있습니다.

스콜라 창작 그림책 046

나는 안중근이다

초판 1쇄 발행 2019년 10월 23일 초판 9쇄 발행 2024년 8월 16일

글 김향금 그림 오승민
펴낸이 최순영 **그림책 팀장** 엄주양 **편집** 김문주
키즈 디자인 팀장 이수현 **디자인** 하늘 · 민
펴낸곳 (주)위즈덤하우스 **출판등록** 2000년 5월 23일 제13-1071호
제조국 대한민국 **주소** 서울특별시 마포구 양화로 19 합정오피스빌딩 17층
전화 02) 2179-5600 **내용문의** 02) 2179-5682
홈페이지 www.wisdomhouse.co.kr **전자우편** kids@wisdomhouse.co.kr

ⓒ김향금·오승민, 2019
ISBN 978-89-6247-203-5 77800 978-89-6247-656-9(세트)

* 이 책의 전부 또는 일부 내용을 재사용하려면 반드시 사전에 저작권자와
  ㈜위즈덤하우스의 동의를 받아야 합니다.
* 이 책의 사용 연령은 8~13세입니다.
* 인쇄·제작 및 유통상의 파본 도서는 구입하신 서점에서 바꿔드립니다.
* 책값은 뒤표지에 있습니다.

나는 안중근이다

김향금 글 · 오승민 그림

위즈덤하우스

허름한 삼등칸의 창문 틈새로 바람 소리가 웅웅 났어요.
창가 자리에 앉은 안중근은 쌀쌀한 기운에 코트 깃을 세웠어요.
짙은 눈썹에 갸름한 얼굴, 굳게 다문 입, 잘 다듬은 콧수염으로 다부진 인상이었어요.
그의 옆에는 동지 우덕순이 앉아 있었지요.
1909년 10월 21일 8시 30분.
덜커덩.
러시아의 블라디보스토크에서 중국 하얼빈으로 향하는 우편 열차가
벌판을 휘몰아치는 바람을 뚫고 달리기 시작했습니다.
안중근이 가슴께를 더듬어 양복 안주머니 깊숙이 감춰 둔 권총을 슬며시 만졌어요.
벨기에산 브라우니 권총.
앗, 이게 어쩐 일일까요? 그의 왼손 약지가 짧아요.

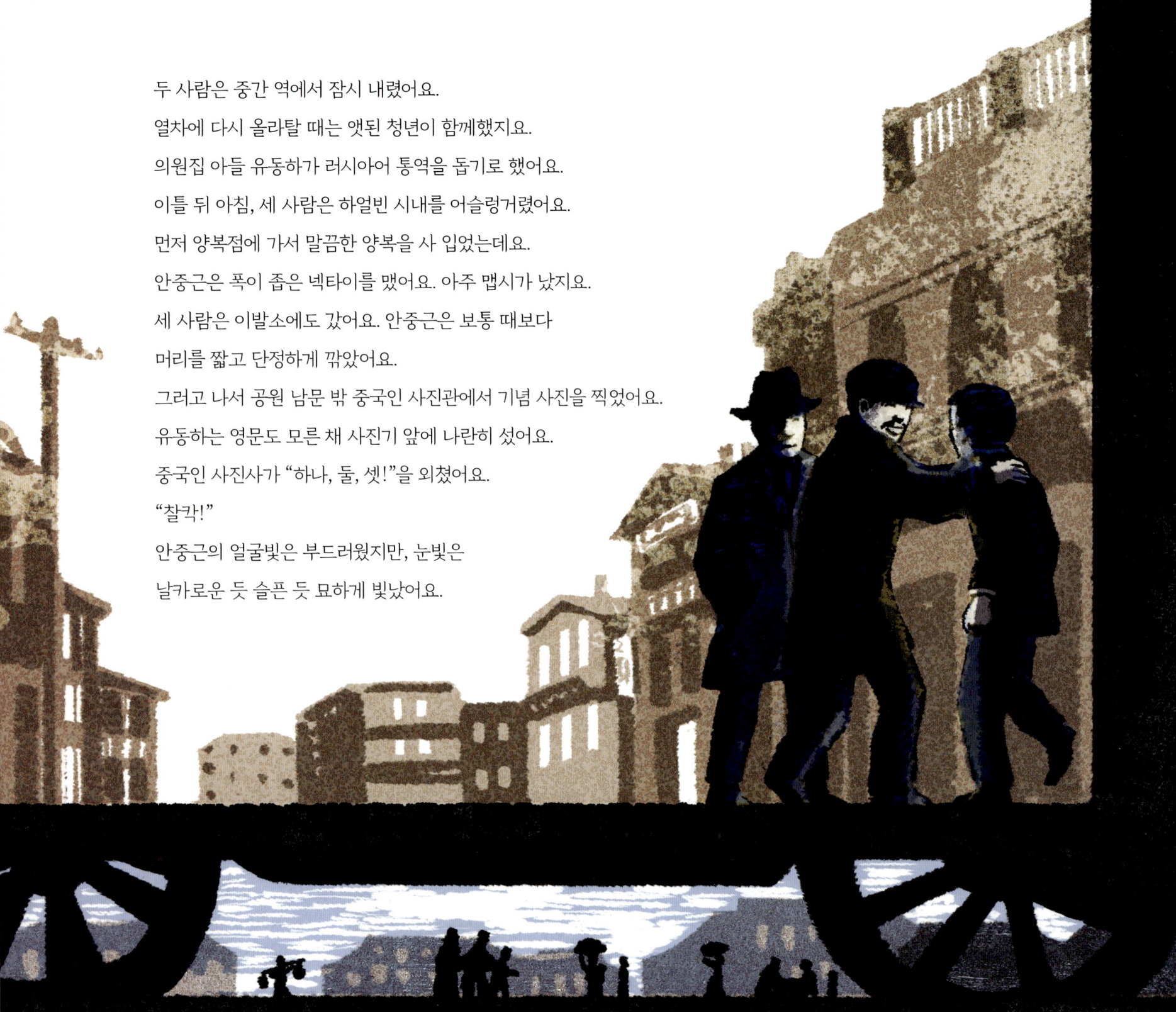

두 사람은 중간 역에서 잠시 내렸어요.
열차에 다시 올라탈 때는 앳된 청년이 함께했지요.
의원집 아들 유동하가 러시아어 통역을 돕기로 했어요.
이틀 뒤 아침, 세 사람은 하얼빈 시내를 어슬렁거렸어요.
먼저 양복점에 가서 말끔한 양복을 사 입었는데요.
안중근은 폭이 좁은 넥타이를 맸어요. 아주 맵시가 났지요.
세 사람은 이발소에도 갔어요. 안중근은 보통 때보다
머리를 짧고 단정하게 깎았어요.
그러고 나서 공원 남문 밖 중국인 사진관에서 기념 사진을 찍었어요.
유동하는 영문도 모른 채 사진기 앞에 나란히 섰어요.
중국인 사진사가 "하나, 둘, 셋!"을 외쳤어요.
"찰칵!"
안중근의 얼굴빛은 부드러웠지만, 눈빛은
날카로운 듯 슬픈 듯 묘하게 빛났어요.

다음 날, 안중근과 우덕순은 채가구 역으로 갔어요.
두 사람은 역무원에게 조심스레 물었어요.
"이 역에는 하루에 몇 번씩 기차가 오고 갑니까?"
"매일 세 번씩입니다."
역무원이 묻지도 않은 이야기를 자랑스럽게 덧붙였어요.
"오늘밤에 일본에서 온 귀한 손님을 모실 특별 열차가 옵니다. 모레 아침 6시에 우리 역을 출발해서 9시쯤 하얼빈에 도착할 겁니다."
두 사람은 귀가 번쩍 뜨였어요. 공중 변소에 들어가서 소곤소곤 의논했어요.
"기회는 단 한 번뿐인데, 그 자가 어느 역에서 내릴지 알 수 없으니……."
"채가구 역은 아주 작은 역이에요. 열차가 그냥 지나친다면?"
두 사람은 큰일을 그르칠게 될까 봐 조마조마했어요.
결국 따로따로 행동하기로 결정했어요.
안중근은 하얼빈 역에서, 우덕순은 채가구 역에서.
누가 운명의 방아쇠를 당길 것인가? 안중근인가 우덕순인가?
아무도 알 수 없었어요.
헤어지기 전, 안중근은 우덕순에게 총알을 나누어 주었어요.

안중근은 홀로 하얼빈으로 돌아왔습니다.
날이 어두워지자, 방안에 촛불을 켰어요. 고향을 떠나온
지난 3년간의 세월이 주마등처럼 눈앞을 스쳐갔어요.
나라의 앞날은 점점 기울어 가는 배와 같았습니다.
일본에 외교권을 빼앗기고, 나랏일은 일본이 보낸 통감의
지시를 받아야 했지요. 고종 황제는 강제로 자리에서
물러나야 했어요.
안중근은 만주에 학교를 세워 보기도 하고 의병 활동을 하기도
했어요. 하지만 나라를 구하는 데에는 이르지 못했어요.
다른 길을 찾아야 했습니다.
갑자기 한 줄기의 바람이 불어 촛불이 꺼질 듯 말 듯
출렁거렸어요. 마치 큰일을 앞둔 안중근의 마음 같았습니다.
안중근은 밤새 몸을 뒤척이며 잠 못 이루다가
벌떡 일어나서 붓을 들어 <장부가>를 지었어요.

드디어 10월 26일, 먼동이 텄습니다.

일어나자마자 아침 기도를 올렸어요. 안중근은 가톨릭 신자였어요. 세례명은 도마였지요.

일찌감치 하얼빈 역으로 향했어요. 역 안의 찻집에 앉아 창밖을 살폈지요.

아침 9시가 되자, 초록빛 특별 열차가 플랫폼으로 천천히 들어왔어요.

그 순간, 우덕순 동지의 얼굴이 떠올랐어요. 기차는 채가구 역에 서지 않았던 거예요.

이제 큰일은 안중근의 몫이 되었어요!

저 특별 열차 안에는 '이토 히로부미'가 탔습니다. 국권 피탈의 원흉, 일제의 총리대신을

네 번이나 지내고 처음으로 조선 통감을 지낸 자지요. 막강한 힘을 앞세워 을사5조약과

정미7조약을 강제로 맺게 했어요.

러시아 대신이 기차 안까지 올라와서 이토를 정중하게 맞이했어요. 두 사람은 활짝 웃으며

악수를 나누었습니다. 일본과 러시아를 대표해서 만주 땅을 나누는 일을 결정짓기 위해 만난 거예요.

그러고 나면 국권 피탈을 마무리 짓는 일만 남게 되는 거였지요.

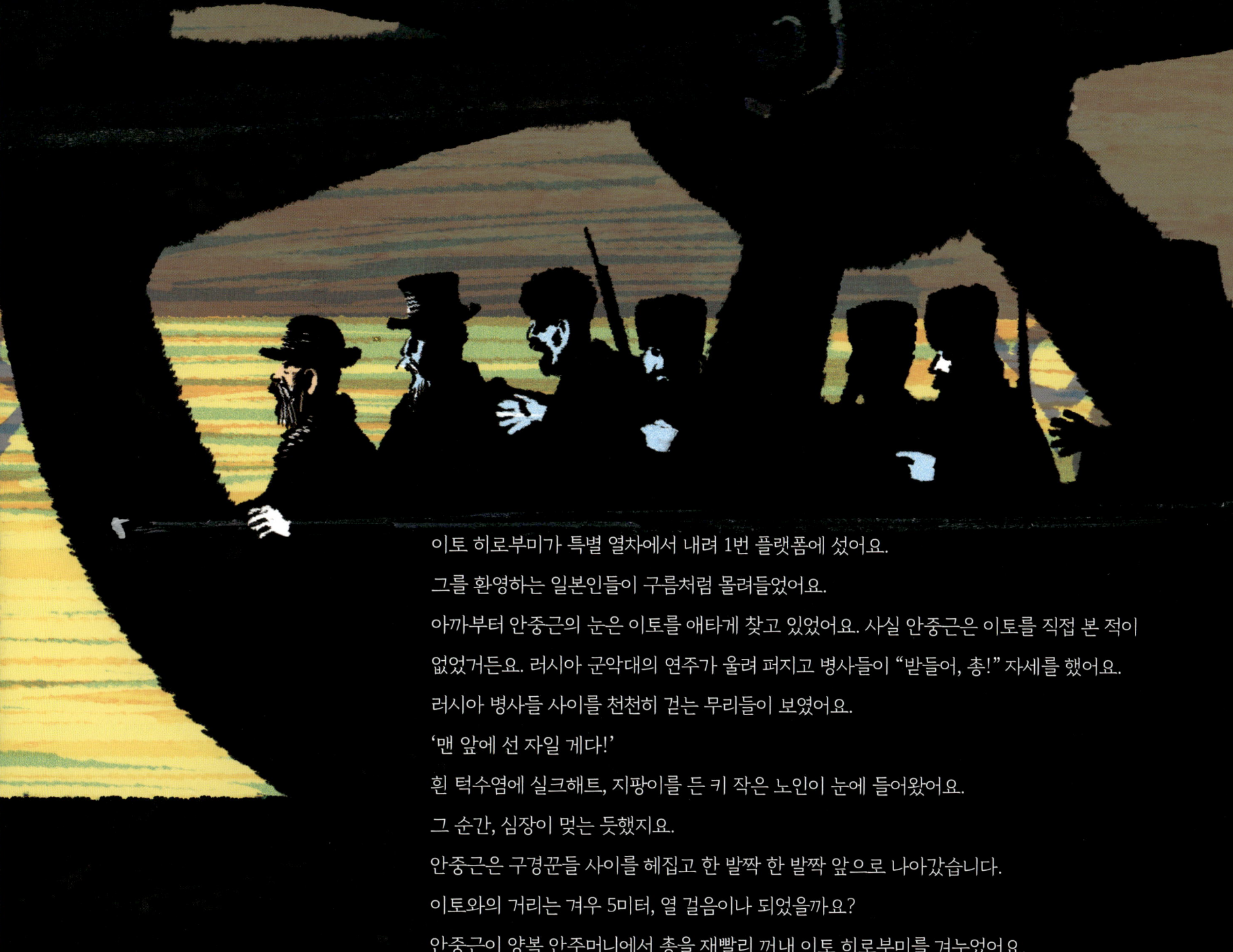

이토 히로부미가 특별 열차에서 내려 1번 플랫폼에 섰어요.

그를 환영하는 일본인들이 구름처럼 몰려들었어요.

아까부터 안중근의 눈은 이토를 애타게 찾고 있었어요. 사실 안중근은 이토를 직접 본 적이 없었거든요. 러시아 군악대의 연주가 울려 퍼지고 병사들이 "받들어, 총!" 자세를 했어요.

러시아 병사들 사이를 천천히 걷는 무리들이 보였어요.

'맨 앞에 선 자일 게다!'

흰 턱수염에 실크해트, 지팡이를 든 키 작은 노인이 눈에 들어왔어요.

그 순간, 심장이 멎는 듯했지요.

안중근은 구경꾼들 사이를 헤집고 한 발짝 한 발짝 앞으로 나아갔습니다.

이토와의 거리는 겨우 5미터, 열 걸음이나 되었을까?

안중근이 양복 안주머니에서 총을 재빨리 꺼내 이토 히로부미를 겨누었어요.

탕!
제 1발,
명성 황후를 죽인 죄.

탕!
제 2발,
고종 황제를 강제로
물러나게 한 죄.

'단 한 번의 실수도 안 된다.'
총구를 겨누는데, 갑자기 눈앞이 흐릿해졌습니다.
애써 숨을 몰아쉬었다가 내뱉었어요. 차가운 날씨인데도
총을 든 손에서 땀이 났어요. 심장 뛰는 소리가 북소리처럼 둥둥 울렸어요.
사실 안중근은 일등 사격수였어요.
안중근은 배에 힘을 불끈 주고 이토 히로부미를 향해
번갯불처럼 재빠르게 방아쇠를 당겼어요.
총구가 불을 뿜었어요.

연이어 세 발의 총을 맞은 이토가 결국 쓰러졌어요.
구경꾼들은 비명을 지르며 뿔뿔이 흩어졌어요.
"코레아 우라!"
안중근이 하늘을 향하여 큰 소리로 '코레아 우라(대한국 만세)'를 목청껏 세 번 외쳤어요.
그 자리에 서서 안중근은 전혀 도망치려 들지 않았어요.
이런 안중근을 러시아 병사들이 덮쳤어요.
안중근은 쇠사슬에 묶인 채 끌려가면서도 당당한 태도를 잃지 않았습니다.

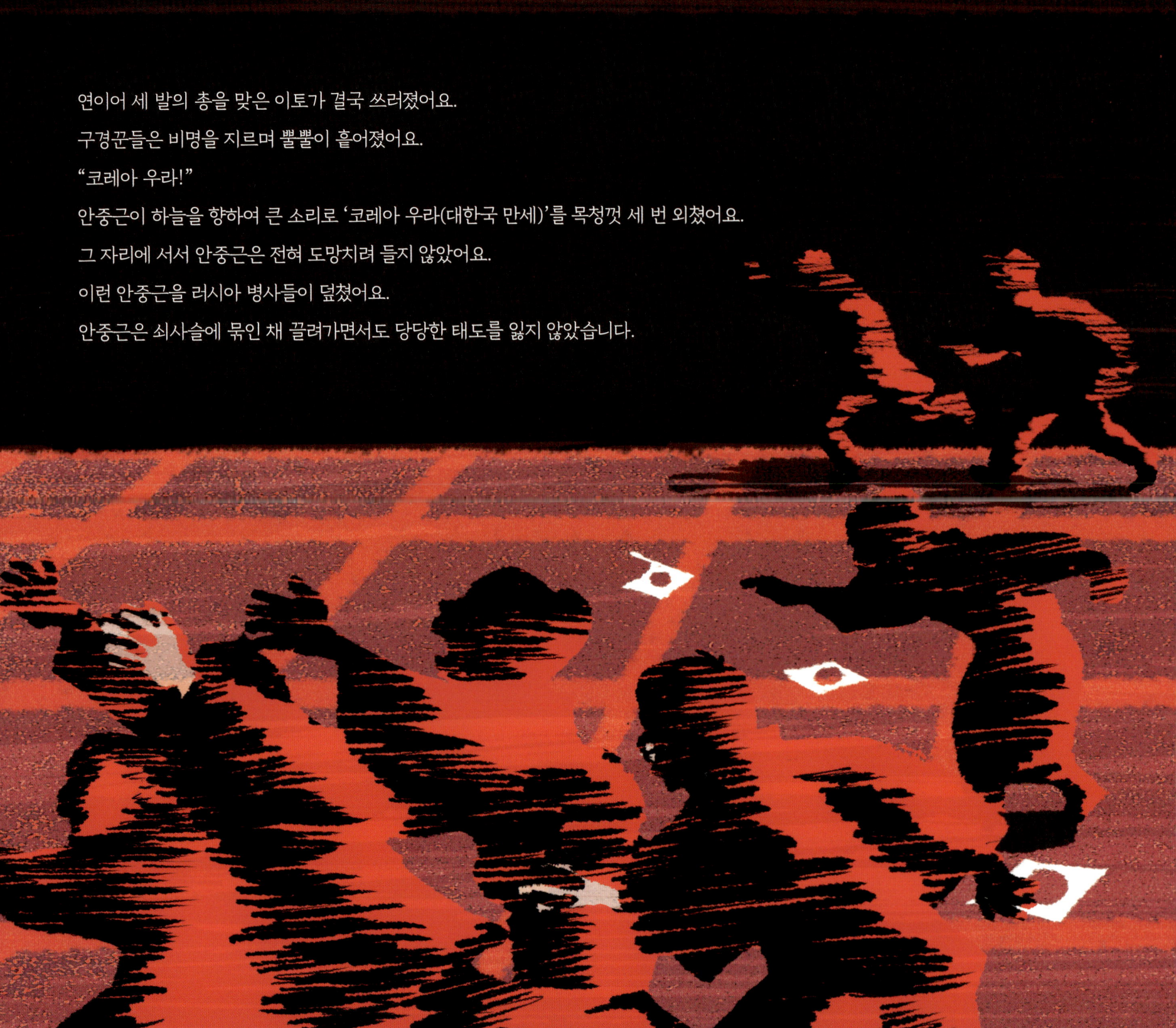

이토는 총에 맞은 지 30분만에 그 자리에서 숨졌어요.

이토의 갑작스러운 죽음에 전 세계가 깜짝 놀랐습니다.

안중근은 손에 수갑을 차고 허리와 다리가 쇠사슬에 묶인 채,

일본 총영사관의 지하실로 끌려갔어요.

다행히도 심한 고문은 받지 않았어요. 전 세계의 눈과 귀가

이 일에 쏠린 덕분이었지요.

미조부치 검찰관이 이토를 죽인 까닭을 물었어요.

안중근은 이토 히로부미의 열다섯 가지 죄를 낱낱이 밝혔어요.

이토를 죽일 계획을 세울 때부터 오랫동안 품은 생각이었어요.

"참으로 의로운 사람이로다. 그대가 사형당할 일은 없을 것이다."

미조부치 검찰관이 고개를 크게 끄덕거렸어요.

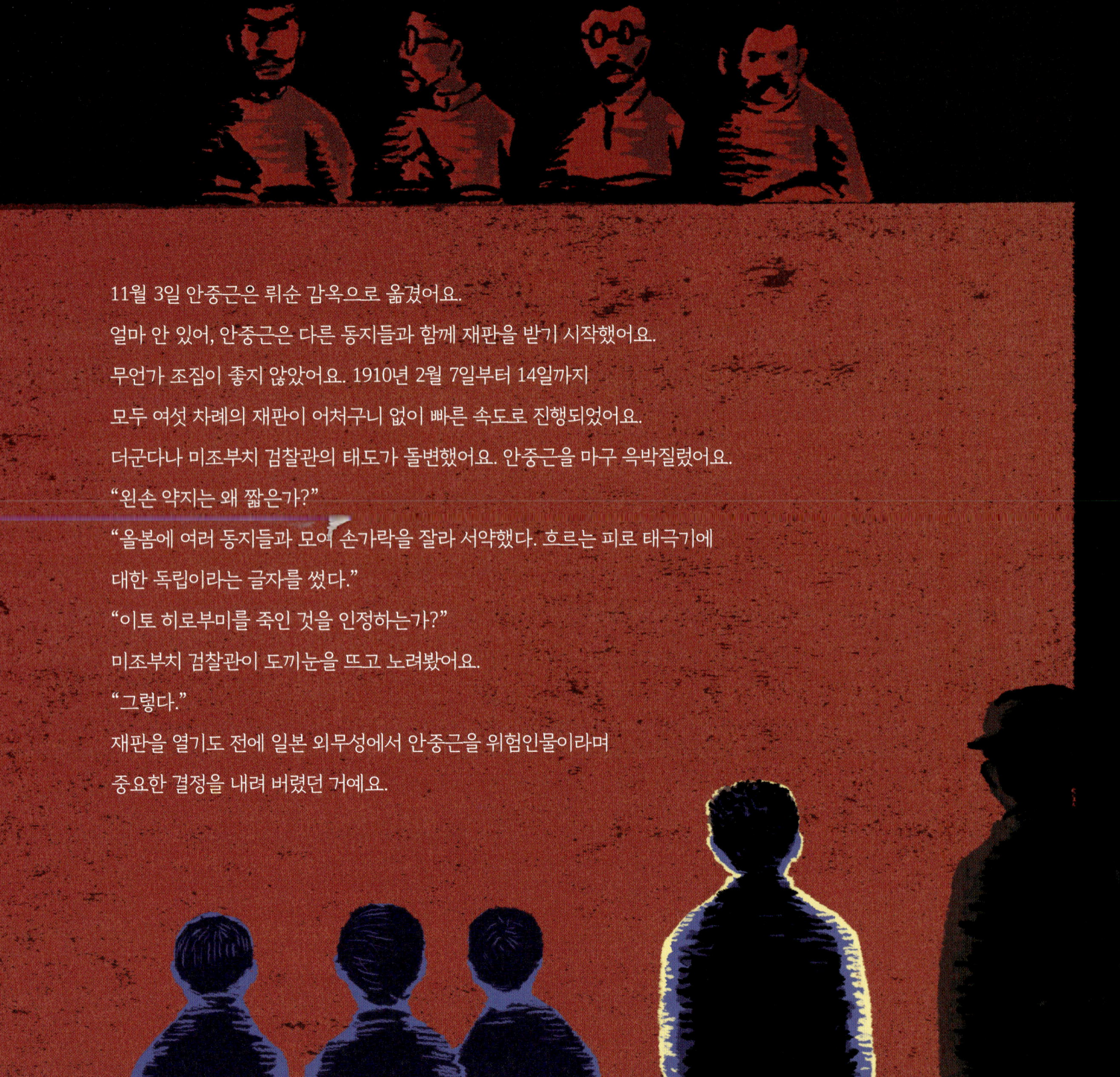

11월 3일 안중근은 뤼순 감옥으로 옮겼어요.
얼마 안 있어, 안중근은 다른 동지들과 함께 재판을 받기 시작했어요.
무언가 조짐이 좋지 않았어요. 1910년 2월 7일부터 14일까지
모두 여섯 차례의 재판이 어처구니 없이 빠른 속도로 진행되었어요.
더군다나 미조부치 검찰관의 태도가 돌변했어요. 안중근을 마구 윽박질렀어요.
"왼손 약지는 왜 짧은가?"
"올봄에 여러 동지들과 모여 손가락을 잘라 서약했다. 흐르는 피로 태극기에
대한 독립이라는 글자를 썼다."
"이토 히로부미를 죽인 것을 인정하는가?"
미조부치 검찰관이 도끼눈을 뜨고 노려봤어요.
"그렇다."
재판을 열기도 전에 일본 외무성에서 안중근을 위험인물이라며
중요한 결정을 내려 버렸던 거예요.

"우리가 손가락 하나씩 끊는 것은 비록 작은 일이나 나라를 위하여 몸을 바치는 일이다."

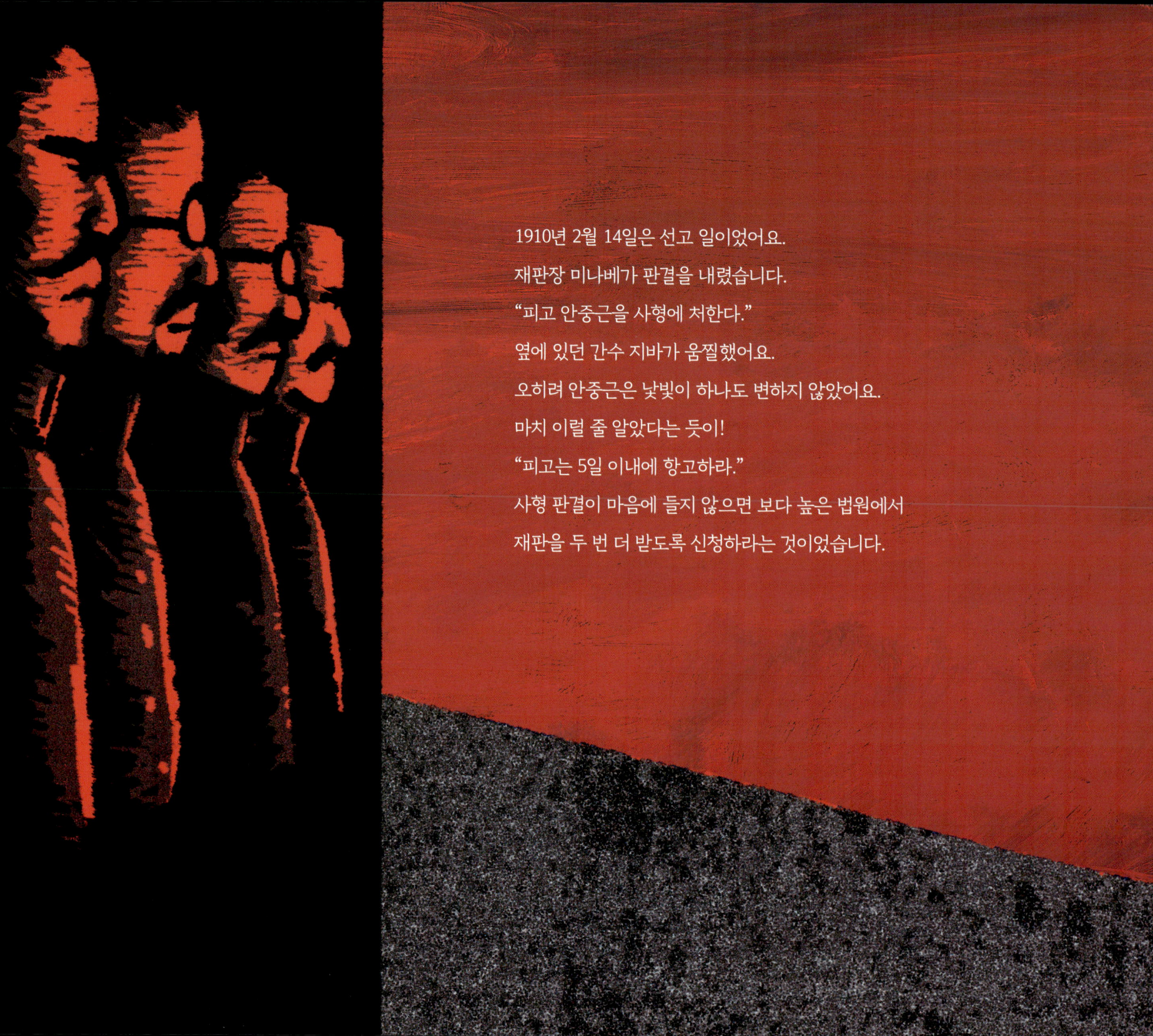

1910년 2월 14일은 선고 일이었어요.
재판장 미나베가 판결을 내렸습니다.
"피고 안중근을 사형에 처한다."
옆에 있던 간수 지바가 움찔했어요.
오히려 안중근은 낯빛이 하나도 변하지 않았어요.
마치 이럴 줄 알았다는 듯이!
"피고는 5일 이내에 항고하라."
사형 판결이 마음에 들지 않으면 보다 높은 법원에서
재판을 두 번 더 받도록 신청하라는 것이었습니다.

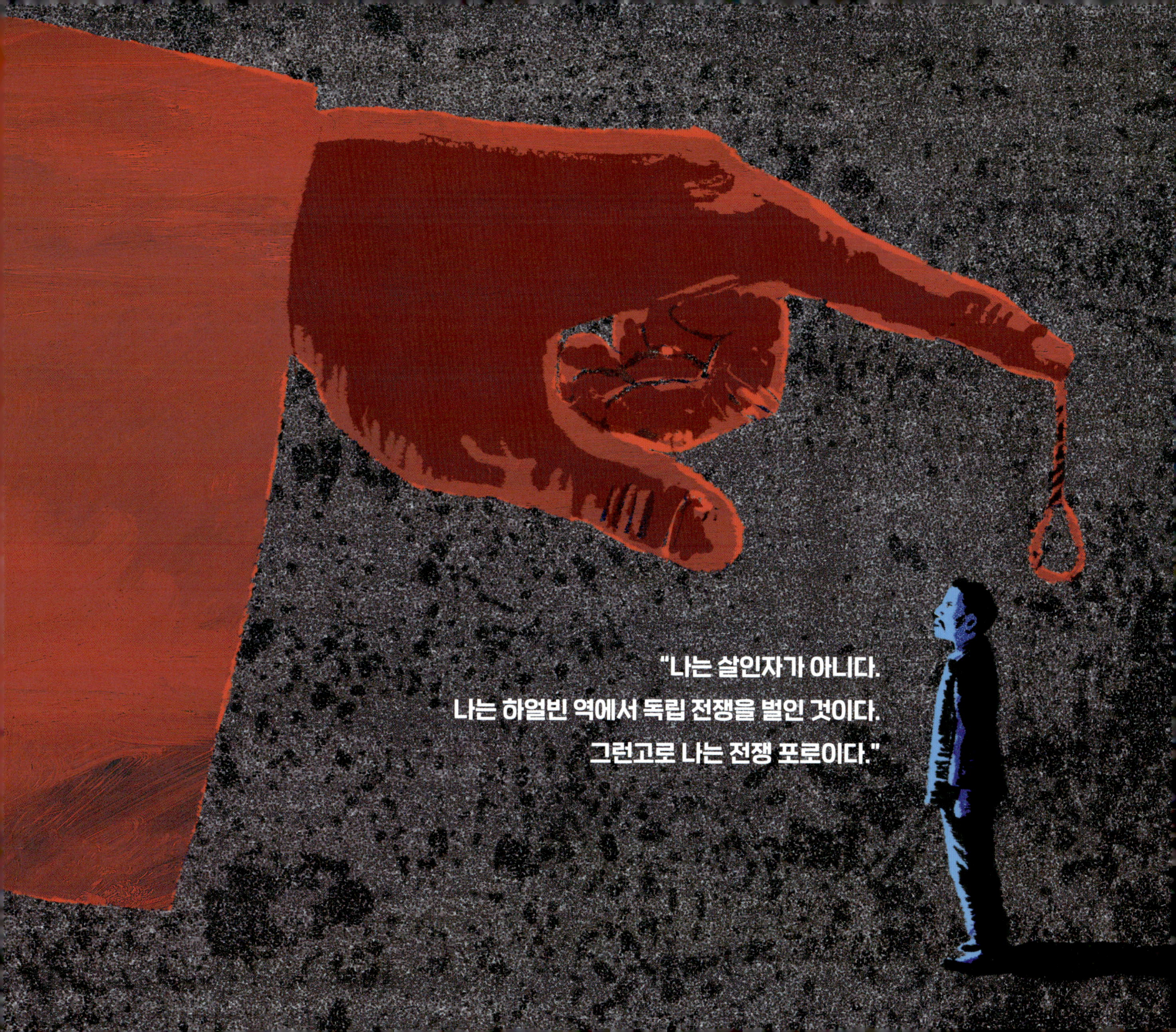

안중근은 목숨에 연연하지 않았어요. 이토 히로부미를 죽임으로써
전 세계에 일본의 잘못을 알리고자 했던 목적이 이루어졌기 때문이었지요.
안중근이 항고하지 않자 사형이 확정되었습니다.
매일 아침, 안중근은 조용히 기도를 올렸어요.
혼자 쓰는 감방의 작은 나무 책상에서 책을 쓰기 시작했어요.
자기가 살아온 삶을 되돌아보는 《안응칠 역사》를 썼어요.
그러곤 자신이 이루려고 한 '동양 평화'에 관한 책을 쓰기 시작했어요.
재판부에 《동양 평화론》을 완성할 시간을 달라고 부탁했지만
일제는 끝내 들어주지 않았습니다.

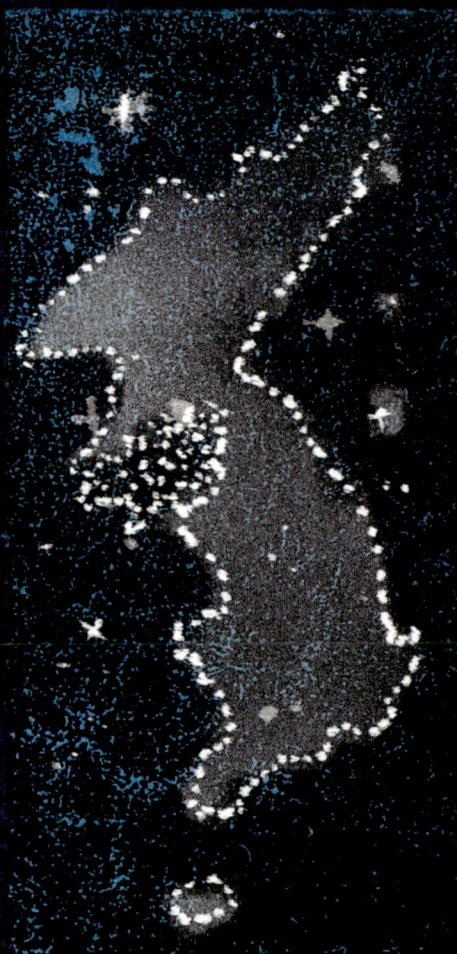

나는
1879년 9월 2일,
황해도 해주에서
태어났다.

"하루라도 책을 읽지 않으면
입에 가시가 돋는다."

이름은 응칠.
태어났을 때 배와 가슴에 난
일곱 개의 점이
북두칠성과 비슷하다고 해서
어린 시절엔 응칠이라고 불렸다.

성질이 불 같아서
'번개입'이라는
별명이 붙었다.

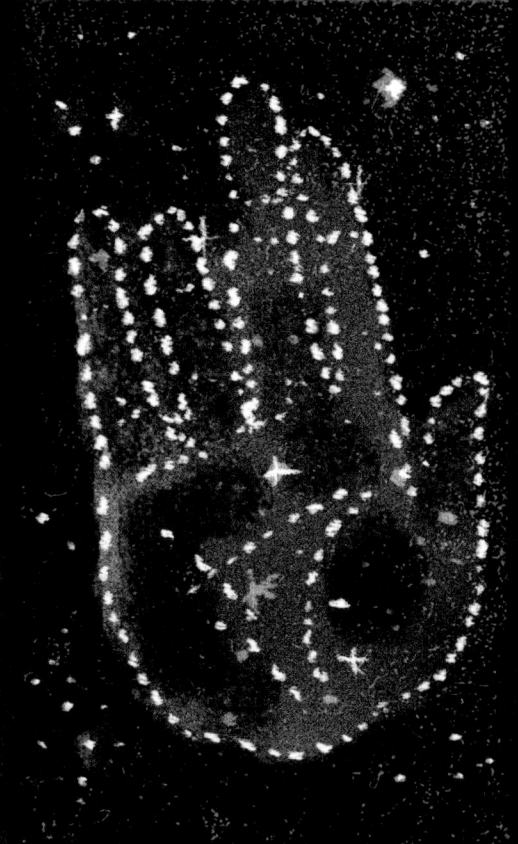

마음을 무겁게
다스리라는 뜻에서
중근이라는 이름을 얻었다.

죽음으로 가는 날짜가 하루하루 다가왔습니다.
기도하고, 책을 쓰고, 붓글씨를 쓰며 나날을 보냈습니다.
다만 한 가지 마음에 걸리는 건 어머니 조마리아였어요.
'아, 내가 먼저 가고 나면 어머니가 얼마나 마음 아프실까!'
이때였어요. 간수 지바가 어머니가 손수 지은 옷을 건네주었어요.
어머니의 당부도 함께 전했지요.
안중근은 어머니의 말씀을 전해 듣고 눈자위가 뜨거워졌습니다.
과연 그 어머니에 그 아들이었어요.
지바는 이토를 죽인 안중근을 몹시 미워했었어요. 그러던 그가 서서히 달라졌어요.
가까이에서 안중근을 지켜보면서 그를 존경하는 마음이 서서히 생겨났지요.

그날이 서서히 밝아 왔습니다.

새벽부터 봄비가 촉촉하게 내렸습니다.

여느 때와 다름없이 안중근은 무릎을 꿇고 마지막 기도를 올렸습니다.

그러곤 어머니 조마리아가 보낸 옷을 펼쳤습니다.

저고리는 백색, 바지는 흑색.

죽어서 관 속으로 들어갈 때 입을 수의였지요.

품에 마리아와 아기 예수를 그린 작은 성화를 품었습니다.

안중근이 감방 문을 나섰습니다.

저벅저벅.

죽음을 코앞에 두고도 낯빛 하나 변하지 않고 한 걸음 한 걸음 복도를 걸어 나갔어요. 그런 뒷모습을 보며 지바는 애써 눈물을 참으며 경례를 올렸습니다. 안중근이 떠난 감방 안에는 지바에게 남긴 붓글씨가 남아 있었습니다. 일본 간수인 지바의 입장을 이해한다는 따뜻한 마음이 담긴 글이었지요.

"군인은 국가를 위해 몸을 바치는 것이 본분이다."

1910년 3월 26일 오전 10시 4분.
우리는 이 세상에서 가장 의로운 사람을 잃었습니다.
사형 전날, 안중근은 두 동생들에게 이런 유언을 남겼다고 합니다.

"내가 죽거든 내 뼈를 하얼빈 공원 곁에 묻어 두었다가
독립하거든 조국에 묻어 다오."

그해 8월, 한일 합병 조약으로 나라를 빼앗겼습니다.
1945년 8월 15일에 나라를 되찾았지요.
안중근이 간 지 100년이 훌쩍 넘었지만
우리는 일제가 감춘 그의 시신을 아직도 찾지 못했습니다.